# PROPAGANDE DÉMOCRATIQUE.

## CE QUE VEULENT LES RÉPUBLICAINS.

Nous voulons un ordre de choses où toutes les passions basses et cruelles soient enchaînées, toutes les passions généreuses et bienfaisantes éveillées par les lois ; où l'ambition soit le désir de mériter la gloire et de servir la patrie ; où les distinctions naissent de l'égalité même ; où le citoyen soit soumis au magistrat, le magistrat au peuple et le peuple à la justice ; où la patrie assure à chaque individu le bien-être, et où chaque individu jouisse avec orgueil de la prospérité et de la gloire de la patrie ; où toutes les ames s'agrandissent par la communication continuelle des sentimens républicains et par le besoin de mériter l'estime d'une grande nation ; où les arts soient les décorations de la liberté qui les ennoblit, le commerce la source de la richesse publique et non pas seulement de l'opulence monstrueuse de quelques maisons.

Nous voulons substituer dans nôtre pays la morale à l'égoïsme, la probité à l'honneur ; les principes aux usages, les devoirs aux convenances ; l'empire de la raison à la tyrannie de la mode ; le mépris du vice au mépris du malheur ; la fierté à l'insolence ; la grandeur d'ame à la vanité ; l'amour de la gloire à l'amour de l'argent ; les bonnes gens à la bonne compagnie ; le mérite à l'intrigue ; le génie au bel esprit ; les charmes du bonheur aux ennuis de la volupté ; la grandeur de l'homme à la petitesse des grands ; un peuple magnanime, puissant, heureux à un peuple aimable, frivole et misérable ; c'est-à dire toutes les vertus et tous les miracles de la république, à tous les vices et à tous les ridicules de la monarchie.

Nous voulons, en un mot, remplir les vœux de la nature, accomplir les destins de l'humanité, tenir les promesses de la philosophie, absoudre la providence du long règne du crime et de la tyrannie. Que cette France, jadis illustre parmi les pays esclaves, éclipsant la gloire de tous les peuples libres qui ont existé, devienne le modèle des nations, l'effroi des oppresseurs, la consolation des opprimés, l'ornement de l'Univers, et que, scellant enfin notre ouvrage de notre sang, nous puissions voir au moins l'aurore de la félicité universelle.

MAX. ROBESPIERRE.

## LE SORT DU PEUPLE DANS LES ÉTATS CONSTITUÉS ARISTOCRATIQUEMENT.

Les bêtes sauvages qui sont répandues dans les montagnes et dans les forêts de l'Italie, ont chacune des cavernes et des tanières pour s'y retirer ; mais des *Romains*, qui combattent sans cesse, qui versent des torrens de sang, qui s'exposent si souvent à la mort pour la défense de la patrie ne jouissent que de la lumière et de l'air qu'on ne peut leur ravir ; ils n'ont pas une simple chaumière dans laquelle ils puissent se mettre à l'abri des injures des saisons ; sans maisons, sans retraites, sans propriétés, ils errent dans le sein même de leur patrie, avec leurs femmes et leurs enfans, comme de malheureux bannis. Leurs généraux, dans les combats, les exhortent à se battre pour la conservation de leurs tombeaux et de leurs dieux domestiques ! Quelle dérision, puisque ces *Romains* ne possèdent ni autels paternels, ni sépulcre de leurs ancêtres et qu'il n'en est pas un seul parmi eux qui sache où reposent leurs cendres ! Ils ne font la guerre et ne sacrifient leur vie que pour entretenir le luxe et pour augmenter les richesses d'une poignée d'ingrats. Et l'on ne rougit point de les appeler les maîtres de l'univers, quand ils ne possèdent pas une étendue de terre capable même de leur servir de tombeau ! et cela, tandis que tant d'autres, sans fatigue et sans travail, jouissent, au mépris des plus saintes lois, d'une vaste étendue de biens territoriaux que l'avarice, la cupidité, la fourberie, le crime leur ont procurés ! N'est-ce pas pour anéantir cette inégalité que nos ancêtres abolirent la monarchie et chassèrent les rois ? Croit-on que ce fut le nom seul de roi qui ait inspiré tant d'horreur à nos pères? Non ! non ! ce qui rendit la royauté odieuse, insupportable à nos ancêtres, c'est la grande disproportion de biens que la faveur des princes avait successivement amenée dans l'état, parce que, au gré de leur caprice, ils en prodiguaient aux uns, tandis que les autres, égaux ou supérieurs en mérite et en services, restaient dans la misère et dans l'oubli.

Le tribun TIBERIUS GRACCHUS.

## BUT DES INSTITUTIONS SOCIALES.

Les institutions ont pour objet de mettre dans le citoyen et dans les enfans mêmes, une résistance légale et facile à l'injustice ; de forcer les magistrats et la jeunesse à la vertu ; de donner le courage et la frugalité aux hommes, de les rendre justes et sensibles, de les lier par des rapports généreux; de mettre ces rapports en harmonie, en soumettant le moins possible aux lois de l'autorité les rapports domestiques et la vie privée du peuple ; de mettre l'union dans les familles, l'amitié parmi les citoyens ; de mettre l'intérêt public à la place de tous les autres intérêts ; d'étouffer les passions criminelles ; de rendre la nature et l'innocence la passion de tous les cœurs, et de former une patrie.

Les institutions sont la garantie de la liberté publique : elles moralisent le gouvernement et l'état civil; elles répriment les jalousies qui produisent les factions ; elles établissent la distinction délicate de la vérité et de l'hypocrisie, de l'innocence et du crime ; elles asseoient le règne de la justice.

SAINT-JUST.

## PROFESSION DE FOI DE MARAT.

La vérité et la justice sont mes seules divinités sur la terre. Je ne distingue les hommes que par leurs qualités personnelles ; j'admire les talens, j'adore les vertus ; je ne vois dans les grandeurs humaines que les fruits du crime ou les jeux de la fortune ; toujours je méprisai les idoles de la faveur et n'encensai jamais les idoles de la puissance : de quelques titres qu'un potentat soit décoré, tant qu'il est sans mérite il est peu de chose à mes yeux, et tant qu'il est sans vertus il n'est à mes yeux qu'un objet de dédain.

***

Nos publications paraîtront irrégulièrement de manière à former, au bout de l'année, une brochure de 96 pages. Chacune d'elles aura 4 pages in-12.

Pour 1 fr. 25 c. l'on recevra 100 exemplaires *assortis* à domicile.

La plupart des écrits ne pouvant arriver jusqu'au peuple, qui n'a pas de quoi les payer, le but que nous nous sommes proposé est précisément de remédier à cet inconvénient par une distribution GRATUITE faite aux prolétaires. Ainsi les citoyens qui désirent nous seconder dans cette œuvre toute de dévoûment, devront répandre parmi le peuple tout ou partie des exemplaires auxquels ils auront souscrit.

Pour recevoir les imprimés à domicile, il faudra souscrire pour 20 cent., c'est-à-dire pour 20 exemplaires au moins de *chaque publication*, les frais de port ne nous permettant pas d'en envoyer un nombre moindre.

Les personnes qui souscriront pour moins de 20 exemplaires devront les prendre aux bureaux ci-après indiqués.

Nous prions les citoyens de Paris et des départemens, qui sentiront l'utilité de notre œuvre, d'envoyer *franco* leurs nom et adresse très exacts à la librairie de Rouanet, rue Verdelet 6, et à celle de Prevost, rue Bourbon-Villeneuve, n. 65.

Imprimerie d'HERHAN, rue St-Denis, 380.

# PROPAGANDE DÉMOCRATIQUE.

## LE REGRAT.

Le regrat est encore ce qui tue la partie indigente des ha-
bitans de la capitale. Cette malheureuse portion achète les
denrées beaucoup plus cher et n'a que le rebut des autres
citoyens. N'ayant point le moyen de faire quelques modiques
avances pour ses provisions annuelles, elle paie le double de
ce que valent les choses. Tout augmente d'un tiers au moins
pour cette classe infortunée, qui est obligée d'avoir recours à
de petits marchands, qui revendent en détail ce qu'ils ont
déjà acheté en détail.

Ainsi le cordonnier, le maçon, le tailleur, le portefaix, le
journalier, etc., paient le vin, le bois, le beurre, le charbon,
les œufs, etc., à un bien plus haut prix que le duc d'Orléans
et le prince de Condé. Ce n'est point là assurément le chef-
d'œuvre de la société. On ne songe point à diminuer ces
abus qui empêchent le peuple d'être nourri. L'homme qui a
trois millions de revenu, a les comestibles à bien meilleur
marché. Le vin qu'il boit est excellent, et ne lui coûte pas
plus cher que le vin que l'homme du peuple est obligé d'a-
cheter au cabaret. Car il faut apprendre à l'étranger qu'à
chaque repas, l'homme du peuple achète sa chétive ration
de vin, n'ayant le plus souvent ni cave, ni carafon, ni argent
pour en avoir une petite provision. *Au plus pauvre la besace.*
Plus on est indigent, plus l'indigence vous mine et vous
ronge.

Le sel, par exemple, que l'on vend par regrat au peuple
treize sous la livre, (Treize sous une livre de sel! tandis que
la nature le donne à notre royaume presque pour rien.) est
non seulement falsifié dans son origine, mais de plus rempli
de mille ordures qui en composent près de la moitié. La
*ferme* * oblige, pour ainsi dire, ces *regratiers* à empoisonner

---

* C'est l'ensemble des compagnies qui entreprenaient à forfait
la perception des impôts indirects.

les malheureux consommateurs, en leur vendant à eux-mêmes ce sel treize sous : ils n'ont d'autre expédient que de le gâter pour y trouver leur compte ; ils y versent de l'eau, ils y mêlent du sable et des ordures. Un abus aussi intolérable est public.

La ferme est donc coupable d'empoisonnement; car ce sel analysé offre des matières étrangères, et cette falsification dangereuse est l'œuvre de la cupidité financière. Comment l'ame ne se soulèverait-elle pas d'horreur contre ces impitoyables ennemis des citoyens, qu'on rencontre à chaque pas, pervertissant tout, gâtant tout et voulant encore se dérober à la flétrissure qu'ils méritent ?

Le vin que l'on vend dans les cabarets en détail, est de même falsifié ; et l'on n'a pas encore vu pendre un marchand de vin pour avoir tué de cette manière ses compatriotes. On met aux galères le contrebandier qui ne corrompt pas les denrées qu'il vend.

Il n'est malheureusement que trop aisé de falsifier des boissons, telles que le vin, le cidre, l'eau-de-vie. Le marchand, enfermé dans son cellier, compose secrètement ces mixtions, y coule la litharge, ou par avarice ou par ignorance. Ces procédés frauduleux et toujours criminels ne sont pas assez rigoureusement réprimés par la police, qui s'endort ou s'oublie sur un article aussi important.

Enfin, des farines gâtées ont été distribuées quelquefois de force aux boulangers des faubourgs, parce que l'administration, qui avait fait *magasin de farines*, quand elles furent endommagées par plusieurs accidens, ne voulut pas perdre ses avances et força le peuple à manger le blé pourri *.

Le commerce des blés est donc bien dangereux dans la main des hommes puissans : ils en font payer aux autres les erreurs ou les revers. *Si je deviens marchand, qui fera le métier de roi ?* disait un souverain à qui l'on proposait un accaparement.

MERCIER, Tableau de Paris.

* Ceci s'est passé sous le règne de Louis XIV.

## DU LUXE.

*Est-ce que le luxe est un vice pour l'individu et la société?*

Oui : à tel point que l'on peut dire qu'il embrasse avec lui tous les autres ; car l'homme, qui se donne le besoin de beaucoup de choses, s'impose par cela même tous les soucis et se soumet à tous les moyens justes ou injustes de leur acquisition. A-t-il une jouissance, il en désire une autre, et au sein du superflu de tout, il n'est jamais riche : un logement commode ne lui suffit pas, il lui faut un hôtel superbe. Il n'est point content d'une table abondante, il lui faut des mets rares et coûteux, il lui faut des ameublemens fastueux, des vêtemens dispendieux, un attirail de laquais, de chevaux, de voitures, des femmes, des spectacles, des jeux. Or, pour fournir à tant de dépenses, il lui faut beaucoup d'argent ; et pour se le procurer, tout moyen lui devient bon et même nécessaire : il emprunte d'abord, puis il dérobe, pille, vole, fait banqueroute, est en guerre avec tous, ruine et est ruiné.

Que si le luxe s'applique à une nation il y produit en grand les mêmes ravages ; par cela qu'elle consume tous ses produits, elle se trouve pauvre au milieu de l'abondance ; elle n'a rien à vendre à l'étranger ; elle manufacture à grands frais et vend cher ; elle se rend tributaire de tout ce qu'elle retire ; elle attaque au-dehors sa considération, sa puissance, sa force, ses moyens de défense, tandis qu'au-dedans elle se mine et tombe dans la dissolution de ses membres ; tous les citoyens étant avides de jouissances se mettent en lutte violente pour se les procurer, tous se nuisent ou sont prêts à se nuire, et de là des actions et des habitudes usurpatrices qui composent ce que l'on appelle *corruption morale*, guerre intestine de citoyen à citoyen. Du luxe naît l'avidité, de l'avidité l'invasion par violence, par mauvaise foi ; du luxe naît l'iniquité du juge, la vénalité des témoins, l'improbité de l'époux, la prostitution de la femme, la dureté des parens, l'ingratitude des enfans, l'avarice du maître, le pillage du serviteur, le brigandage de l'administrateur, la perversité du législateur, le mensonge, la perfidie, le parjure, l'assassinat et tous les désordres de l'état social ;

en sorte que c'est avec un sens profond de vérité que les anciens moralistes ont posé la base des vertus sociales sur la *simplicité des mœurs, la restriction des besoins, le contentement de peu.* Et l'on peut prendre pour mesure certaine des vertus et des vices d'un homme la mesure de ses dépenses proportionnées à son revenu, et calculer sur ses besoins d'argent sa probité, son intégrité à remplir ses engagemens, son dévoûment à la chose publique et son amour sincère ou faux de la patrie.

C.-F. Volney.

Nos publications paraîtront irrégulièrement de manière à former, au bout de l'année, une brochure de 96 pages. Chacune d'elles aura 4 pages in-12.

Pour 1 fr. 25 cent. l'on aura 100 exemplaires *assortis* à domicile.

La plupart des écrits ne pouvant arriver au peuple, qui n'a pas de quoi les payer, le but particulier que nous nous sommes proposé est précisément de remédier à cet inconvénient par une distribution GRATUITE faite aux prolétaires. Ainsi les citoyens qui désirent nous seconder dans cette œuvre toute de dévoûment, devront répandre parmi le peuple tout ou partie des exemplaires auxquels ils auront souscrit.

Pour recevoir les imprimés à domicile, il faudra souscrire pour 20 cent., c'est-à-dire pour 20 exemplaires au moins de *chaque publication*, les frais de poste ne nous permettant d'en envoyer un nombre moindre.

Les personnes qui souscriront pour moins de 20 exemplaires devront les prendre aux bureaux ci-après indiqués.

Nous prions les citoyens de Paris et des départemens qui sentiront l'utilité de notre œuvre, d'envoyer *franco* leurs nom et adresse très exacts à la librairie de Rouanet, rue Verdelet, n. 6, et à celle de Prevost, rue Bourbon-Villeneuve, n. 63.

Imprimerie d'Herhan, rue St-Denis, 380.

# PROPAGANDE DÉMOCRATIQUE.

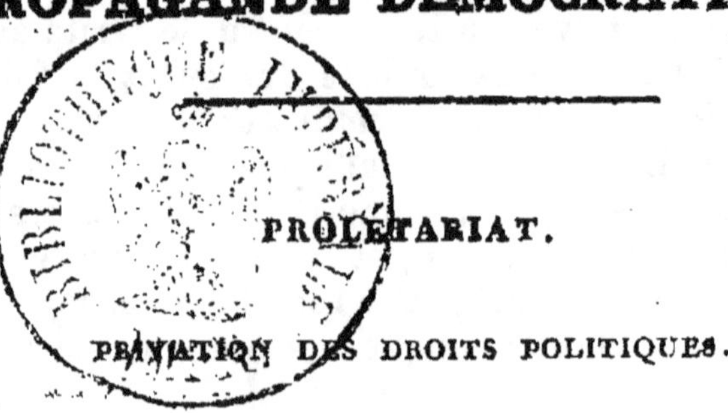


## PROLÉTARIAT.

### PRIVATION DES DROITS POLITIQUES.

Qu'est-ce qu'un homme privé des droits de citoyen actif ?
C'est un homme qui ne peut influer ni directement, ni indirectement sur les intérêts les plus sacrés, les plus touchans
de la société dont il fait partie. C'est un homme gouverné
par des magistrats au choix desquels il ne peut concourir en
aucune manière; par des lois, par des réglemens, par des actes d'administration pesant sans cesse sur lui, sans avoir usé
du droit, qui appartient à tout citoyen, d'influer pour sa part
dans les conventions spéciales en ce qui concerne son intérêt
particulier. C'est un homme avili, dont la destinée entière est
abandonnée aux caprices, aux passions, aux intérêts d'une
caste supérieure. Voilà des biens auxquels on attache une
médiocre importance. Qu'on pense ainsi lorsqu'on regarde la
liberté comme le superflu, dont le peuple français peut se
passer, pourvu qu'on lui laisse la tranquillité et du pain : que
l'on raisonne ainsi avec de tels principes, je ne m'en étonne
pas. Mais moi, dont la liberté sera toujours l'idole, moi qui
ne connais ni bonheur, ni prospérité, ni moralité pour les
hommes ni pour les nations sans liberté, je déclare que j'a-
bhorre de pareils systèmes.

Max. Robespierre.

### LA PAUVRETÉ.

Il faut qu'il y ait des pauvres sans nombre partout où il y
a sans nombre des hommes qui n'ont que leurs bras à opposer à la misère. Pour tous ces malheureux un jour de maladie est un jour d'indigence. Tout vieillard est un pauvre.
Tout ouvrier, tout soldat, tout matelot, hors d'état de ser-

vice, est un pauvre. La pauvreté engendre la pauvreté, ne
fut-ce que par l'impossibilité où se trouve le pauvre de donner aucune sorte d'éducation ou d'industrie à ses enfans. Un
grand incendie, une inondation, une grêle, un long et rigoureux hiver, une épidémie, une disette, une guerre, de
grandes et subites réductions de rentes, des faillites, de
mauvaises, quelquefois même, de bonnes opérations de finance, l'invention d'une nouvelle machine; toutes les causes qui
privent les citoyens de leur état et suspendent ou diminuent
brusquement les travaux journaliers, font éclore en un instant
une foule incroyable de pauvres.

Cependant, que sont tant d'infortunés réduits innocemment, et peut-être par l'injustice de nos lois constitutionnelles, à une indigence inévitable? Des hommes utiles, qui
ont cultivé les terres, taillé la pierre, construit nos édifices,
nourri nos enfans, fouillé nos mines et nos carrières, défendu la patrie, fécondé le génie, servi l'industrie dans toutes
ses branches.

RAYNAL.

---

## LE PEUPLE A FAIM.

AIR : *Eugène est mort.*

Heureux du jour, sur vos tables splendides
Quand l'art conduit de cent climats divers,
Pour assouvir vos estomacs avides,
Les meilleurs vins et les mets les plus chers,
Sur les coussins où votre corps digère,
Sentez-vous pas, comme un remords soudain,
Poindre en vos cœurs cette pensée amère?
    Le peuple a faim !

Sur vos tréteaux où se vautre l'orgie,
Le luxe dresse un autel fastueux.
Pour vous l'argent, le vermeil, la bougie,
Et le cristal reflétant mille feux !
Mais pour le pauvre, au lieu de porcelaine,

L'écuelle en terre et le cuiller d'étain !
Heureux encor, quand cette écuelle est pleine !
    Le peuple a faim !


Pour vous la vie avec ses jouissances,
En été l'ombre, en hiver le soleil !
Pour vous la mode, et la scène, et les danses,
Les nuits aux jeux et les jours au sommeil !
Mais pour le pauvre, abstinence, détresse,
Et l'eau du ciel pour détremper son pain ;
Puis l'hôpital quand blanchit la vieillesse !...
    Le peuple a faim !


D'un faux éclat que la trompeuse amorce,
Riche insolent , ne t'éblouisse pas !
Le peuple sait aujourd'hui que la force
N'est plus dans l'or, mais qu'elle est dans les bras.
Cet or impur dont se gonfle ta bourse,
S'est goutte à goutte échappé de sa main,
Prends garde ! il peut remonter vers sa source...
    Le peuple a faim !

Assez long-temps, gorgés de priviléges,
De notre force on vous a rendus forts.
Les députés sortis de vos colléges
Ont disposé de nos biens, de nos corps.
A cette lice où l'on vole sa place,
Le pauvre encore frappera-t-il en vain ?
Il veut entrer par droit et non par grace !
    Le peuple a faim !


L'instruction , cette manne féconde,
Pour le puissant monopole nouveau,
Le pauvre aussi doit l'avoir, en ce monde
Où riche et pauvre ont le même cerveau,
Attendra t-il qu'une pitié tardive
Jette à ses pieds un os avec dédain ?
Non ! du banquet il veut être convive,
    Le peuple a faim !

Lorsque le peuple a, de sa main puissante
Brisé d'un roi le sceptre et les faisceaux,
Il voit sortir de sa cave prudente
L'heureux qui vient butiner les morceaux,
Mais sonne encor l'heure trop différée,
La grande voix vibrera dans son sein :
« Faquins, arrière ! et place à la curée !
      Le peuple a faim ! »

A. ALTAROCHE.

***

Nos publications paraîtront irrégulièrement de manière à former, au bout de l'année, une brochure de 96 pages. Chacune d'elles aura 4 pages in-12.

Pour 1 fr. 25 cent. on recevra 100 exemplaires *assortis* à domicile.

La plupart des écrits ne pouvant arriver jusqu'au peuple, qui n'a pas de quoi les payer, le but particulier que nous nous sommes proposé, est précisément de remédier à cet inconvénient par une distribution GRATUITE faite aux prolétaires. Ainsi, les citoyens qui désirent nous seconder dans cette œuvre toute de dévoûment, devront répandre parmi le peuple tout ou partie des exemplaires auxquels ils auront souscrit.

Pour recevoir les imprimés à domicile, il faudra souscrire pour 20 centimes, c'est-à-dire pour 20 exemplaires au moins de *chaque publication*, les frais de port ne nous permettant d'en envoyer un nombre moindre.

Les personnes qui souscriront pour moins de 20 exemplaires devront les prendre aux bureaux ci-après indiqués.

Nous prions les citoyens de Paris et des départemens, qui sentiront l'utilité de notre œuvre, d'envoyer *franco* leurs nom et adresse très exacts, à la librairie de Rouanet, rue Verdelet, n. 6, et à celle de Prevost, rue Bourbon-Villeneuve, n. 63.

Imprimerie d'HEBAN, rue St-Denis, 38o.

# PROPAGANDE DÉMOCRATIQUE.

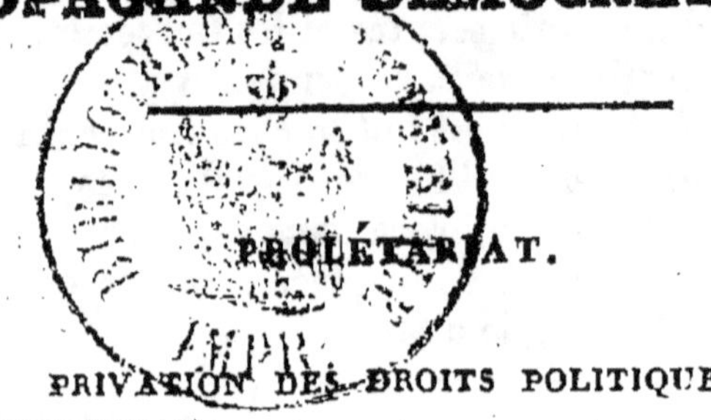

## PROLÉTARIAT.

### PRIVATION DES DROITS POLITIQUES.

Qu'est-ce qu'un homme privé des droits de citoyen actif ? C'est un homme qui ne peut influer ni directement, ni indirectement sur les intérêts les plus sacrés, les plus touchans de la société dont il fait partie. C'est un homme gouverné par des magistrats au choix desquels il ne peut concourir en aucune manière; par des lois, par des réglemens, par des actes d'administration pesant sans cesse sur lui, sans avoir usé du droit, qui appartient à tout citoyen, d'influer pour sa part dans les conventions spéciales en ce qui concerne son intérêt particulier. C'est un homme avili, dont la destinée entière est abandonnée aux caprices, aux passions, aux intérêts d'une caste supérieure. Voilà des biens auxquels on attache une médiocre importance. Qu'on pense ainsi lorsqu'on regarde la liberté comme le superflu, dont le peuple français peut se passer, pourvu qu'on lui laisse la tranquillité et du pain : que l'on raisonne ainsi avec de tels principes, je ne m'en étonne pas. Mais moi, dont la liberté sera toujours l'idole, moi qui ne connais ni bonheur, ni prospérité, ni moralité pour les hommes ni pour les nations sans liberté, je déclare que j'abhorre de pareils systèmes.

MAX. ROBESPIERRE.

## LA PAUVRETÉ.

Il faut qu'il y ait des pauvres sans nombre partout où il y a sans nombre des hommes qui n'ont que leurs bras à opposer à la misère. Pour tous ces malheureux un jour de maladie est un jour d'indigence. Tout vieillard est un pauvre. Tout ouvrier, tout soldat, tout matelot, hors d'état de service, est un pauvre. La pauvreté engendre la pauvreté, ne fut-ce que par l'impossibilité où se trouve le pauvre de donner aucune sorte d'éducation ou d'industrie à ses enfans. Un grand incendie, une inondation, une grêle, un long et rigoureux hiver, une épidémie, une disette, une guerre, de grandes et subites réductions de rentes, des faillites, de mauvaises, quelquefois même, de bonnes opérations de finance, l'invention d'une nouvelle machine; toutes les causes qui privent les citoyens de leur état et suspendent ou diminuent brusquement les travaux journaliers, font éclore en un instant une foule incroyable de pauvres.

Cependant, que sont tant d'infortunés réduits innocemment, et peut-être par l'injustice de nos lois constitutionnelles, à une indigence inévitable? Des hommes utiles, qui ont cultivé les terres, taillé la pierre, construit nos édifices, nourri nos enfans, fouillé nos mines et nos carrières, défendu la patrie, fécondé le génie, servi l'industrie dans toutes ses branches.

RAYNAL.

## LE PEUPLE A FAIM.

Air : *Eugène est mort.*

Heureux du jour, sur vos tables splendides
Quand l'art conduit de cent climats divers,
Pour assouvir vos estomacs avides,
Les meilleurs vins et les mets les plus chers,
Sur les coussins où votre corps digère,
Sentez-vous pas, comme un remords soudain,
Poindre en vos cœurs cette pensée amère?
    Le peuple a faim !

Sur vos tréteaux où se vautre l'orgie,
Le luxe dresse un autel fastueux.
Pour vous l'argent, le vermeil, la bougie,
Et le cristal reflétant mille feux !
Mais pour le pauvre, au lieu de porcelaine,

L'écuelle en terre et le cuiller d'étain !
Heureux encor, quand cette écuelle est pleine !
  Le peuple a faim !


Pour vous la vie avec ses jouissances,
En été l'ombre, en hiver le soleil !
Pour vous la mode, et la scène, et les danses,
Les nuits aux jeux et les jours au sommeil !
Mais pour le pauvre, abstinence, détresse,
Et l'eau du ciel pour détremper son pain ;
Puis l'hôpital quand blanchit la vieillesse !...
  Le peuple a faim !


D'un faux éclat que la trompeuse amorce,
Riche insolent, ne t'éblouisse pas !
Le peuple sait aujourd'hui que la force
N'est plus dans l'or, mais qu'elle est dans les bras.
Cet or impur dont se gonfle ta bourse,
S'est goutte à goutte échappé de sa main,
Prends garde ! il peut remonter vers sa source...
  Le peuple a faim !


Assez long-temps, gorgés de priviléges,
De notre force on vous a rendus forts.
Les députés sortis de vos colléges
Ont disposé de nos biens, de nos corps.
A cette lice où l'on vole sa place,
Le pauvre encore frappera-t-il en vain ?
Il veut entrer par droit et non par grace !
  Le peuple a faim !


L'instruction, cette manne féconde,
Pour le puissant monopole nouveau,
Le pauvre aussi doit l'avoir, en ce monde
Où riche et pauvre ont le même cerveau,
Attendra-t-il qu'une pitié tardive
Jette à ses pieds un os avec dédain ?
Non ! du banquet il veut être convive,
  Le peuple a faim !

Lorsque le peuple a, de sa main puissante
Brisé d'un roi le sceptre et les faisceaux,
Il voit sortir de sa cave prudente
L'heureux qui vient butiner les morceaux,
Mais sonne encor l'heure trop différée,
La grande voix vibrera dans son sein :
« Faquins, arrière ! et place à la curée !
Le peuple a faim ! »

A. ALTAROCHE.

Nos publications paraîtront irrégulièrement de manière à former, au bout de l'année, uue brochure de 96 pages. Chacune d'elles aura 4 pages in-12.

Pour 1 fr. 25 cent. on recevra 100 exemplaires *assortis* à domicile.

La plupart des écrits ne pouvant arriver jusqu'au peuple, qui n'a pas de quoi les payer, le but particulier que nous nous sommes proposé, est précisément de remédier à cet inconvénient par une distribution GRATUITE faite aux prolétaires. Ainsi, les citoyens qui désirent nous seconder dans cette œuvre toute de dévoûment, devront répandre parmi le peuple tout ou partie des exemplaires auxquels ils auront souscrit.

Pour recevoir les imprimés à domicile, il faudra souscrire pour 20 centimes, c'est-à-dire pour 20 exemplaires au moins de *chaque publication*, les frais de port ne nous permettant d'en envoyer un uombre moindre.

Les personnes qui souscriront pour moins de 20 exemplaires devront les prendre aux bureaux ci-après indiqués.

Nous prions les citoyens de Paris et des départemens, qui sentiront l'utilité de notre œuvre, d'envoyer *franco* leurs nem et adresse très exacts, à la librairie de Rouanet, rue Verdelet, n. 6, et à celle de Prevost, rue Bourbon-Villeneuve, n. 63.

Imprimerie d'HÉRAN, rue St-Denis, 380.